Actividades Para Aprender El Abecedario

Juegos y Actividades para niños de entre 2 a 4 años de edad

PRIMEROS PASOS

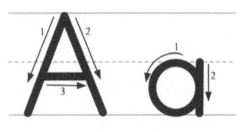

Dibujar letras

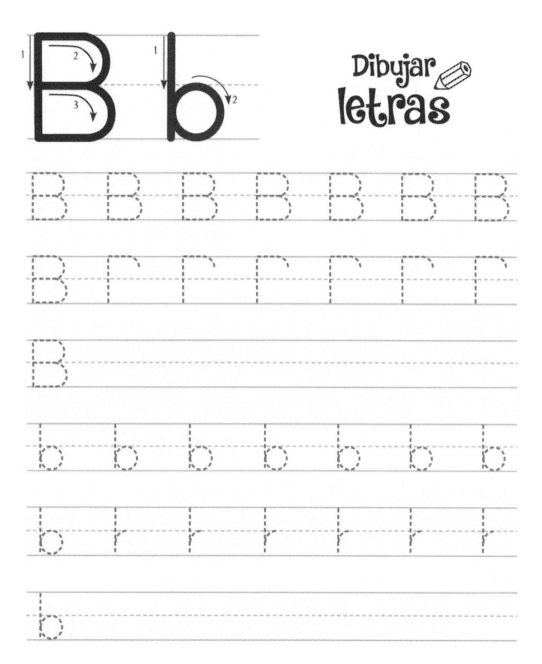

Dibujar letras

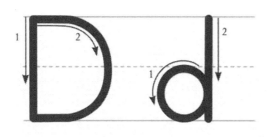

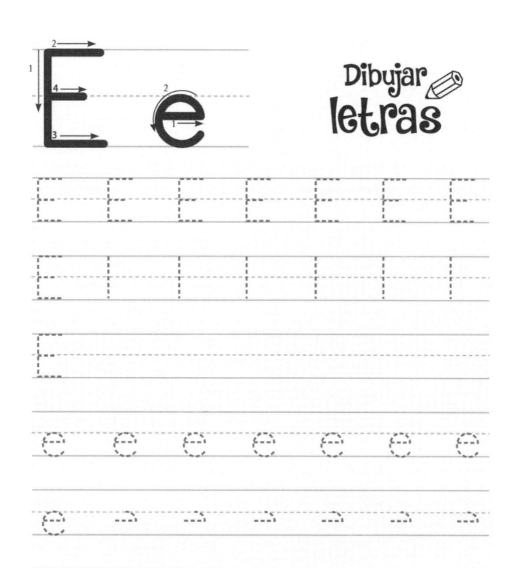

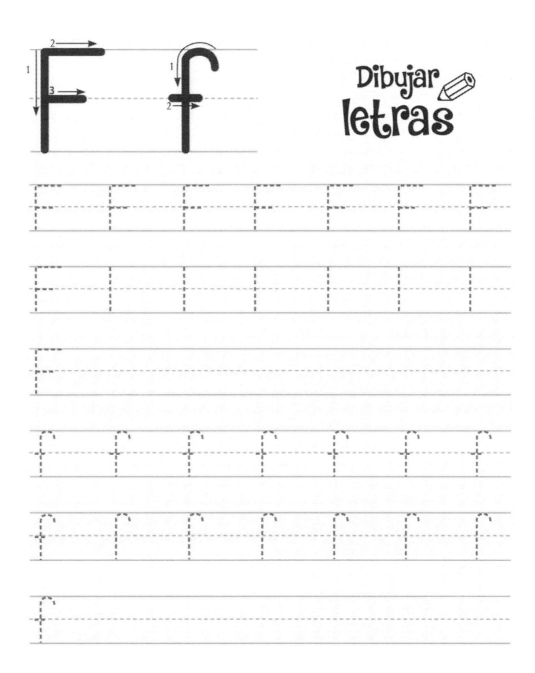

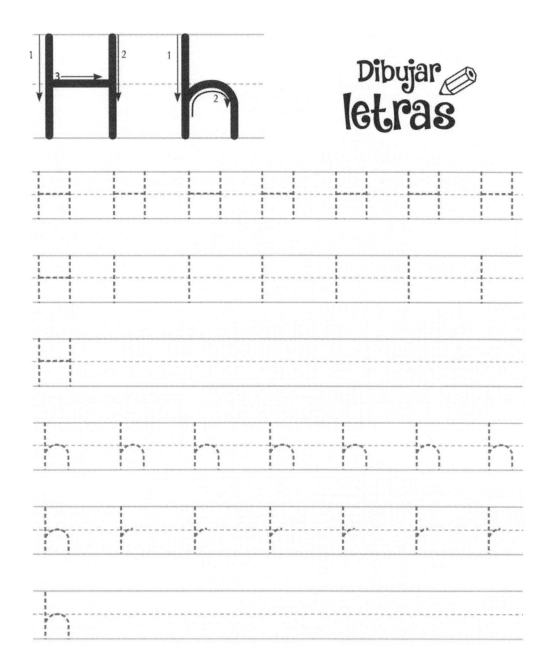

Dibujar
letras

15

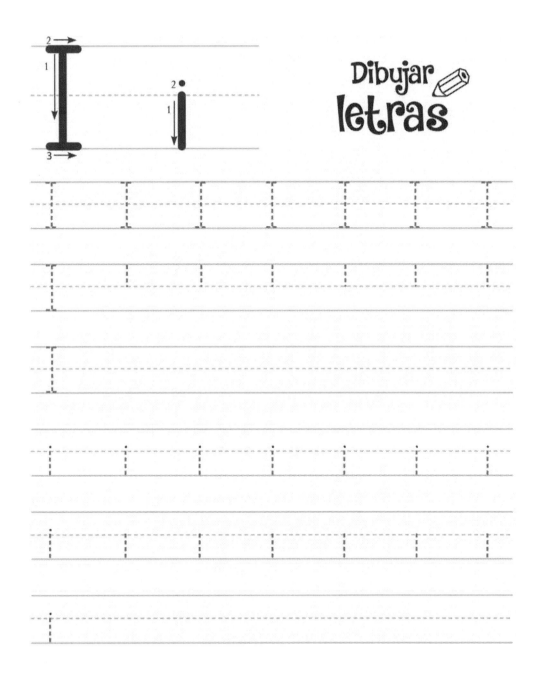

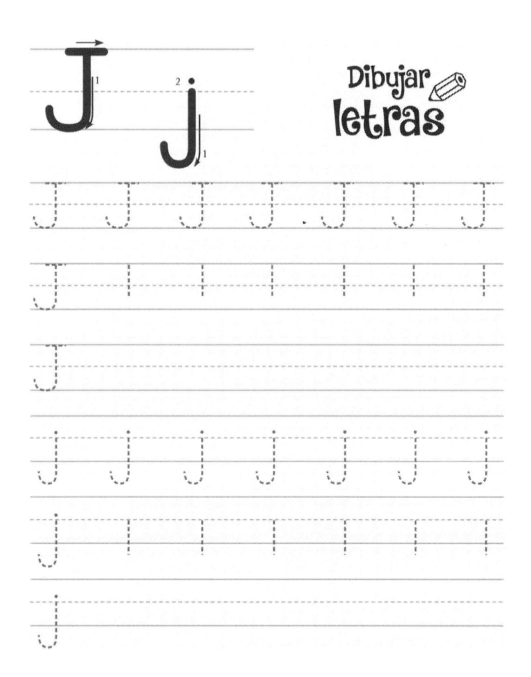

Dibujar letras

19

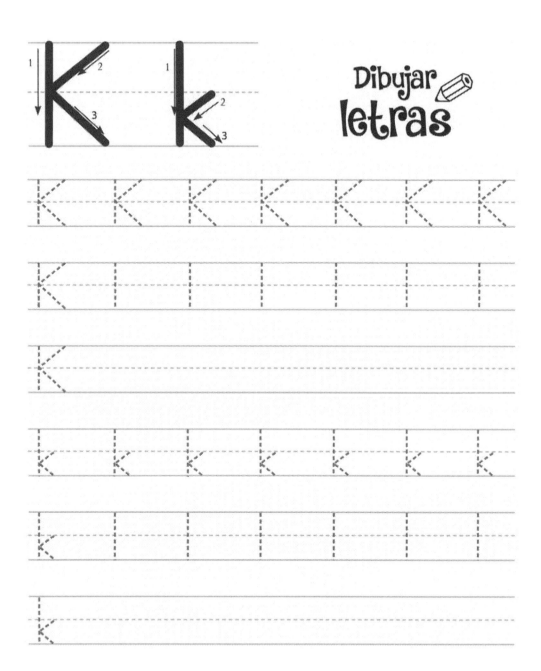

Dibujar letras

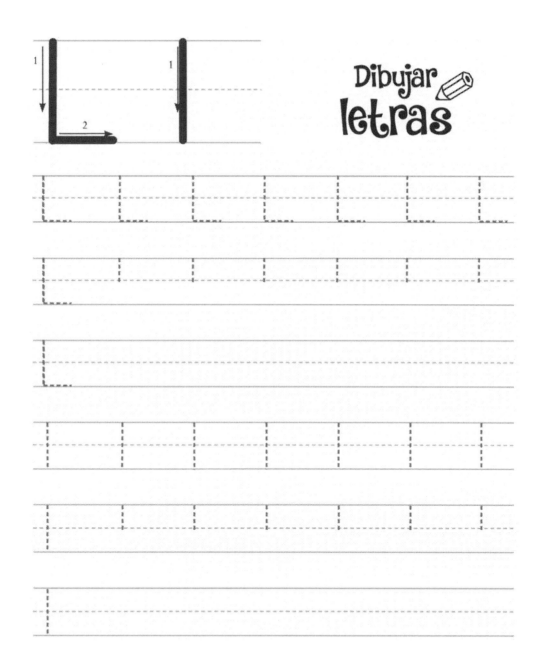

Dibujar letras

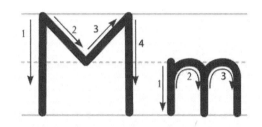

M M M M M M M M M M

M M M M M M M M

M

m m m m m m m

m r r r r r r

m

Las vocales

Pintar y completar

_RBOL

_L _FANT_

_MÁN

_s_

_VAS

Completa la palabra

Observa cada dibujo y completa su nombre debajo con la letra A

M_RIPOS_   R_N_   PIR_T_

FL_UT_   C_B_LLO   N_VID_D

Sopa de letras

Encierra con un color cada letra A que encuentres debajo

F	I	W	A	K	G	J	A
V	Y	S	Q	A	B	F	
A	J	B	L	P	Q	S	A
Y	T	R	A	J	U	X	

Completa la palabra

Observa cada dibujo y completa su nombre debajo con la letra E

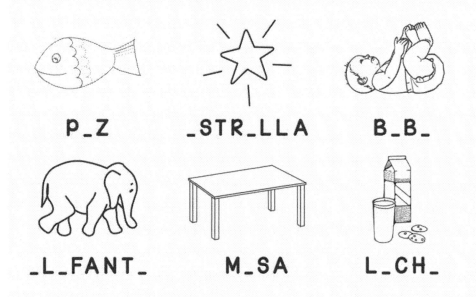

P_Z   _STR_LLA   B_B_

_L_FANT_   M_SA   L_CH_

Sopa de letras

Encierra con un color cada letra E que encuentres debajo

B	G	E	A	O	G	E	C
E	Q	A	E	C	A	M	
M	X	Ñ	Q	E	Z	V	Y
T	T	I	K	H	B	E	

Completa la palabra

Observa cada dibujo y completa su nombre debajo con la letra I

LÁP_Z   T_GRE   AV_ÓN

L_BROS   _GLÚ   B_C_CLETA

Sopa de letras

Encierra con un color cada letra I que encuentres debajo

I	T	J	C	I	U	Q	M
Q	P	C	H	T	I	Z	
D	I	C	Z	X	D	I	A
V	B	C	L	I	S	F	

Completa la palabra

Observa cada dibujo y completa su nombre debajo con la letra O

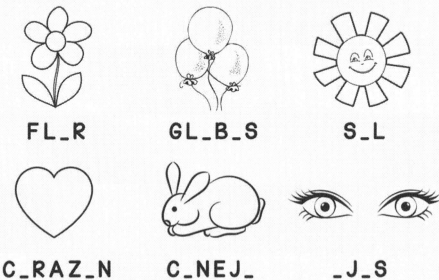

FL_R

GL_B_S

S_L

C_RAZ_N

C_NEJ_

_J_S

Sopa de letras

Encierra con un color cada letra O que encuentres debajo

H	D	K	Q	O	C	N	Z
O	G	V	K	S	E	V	
C	J	S	P	Q	O	Z	M
D	O	C	U	W	Z	L	

Completa la palabra

Observa cada dibujo y completa su nombre debajo con la letra U

Q_ESO   LL_VIA   F_EGO

A_TO   L_PA   PARAG_A

Sopa de letras

Encierra con un color cada letra U que encuentres debajo

U	G	L	S	N	U	A	Q
S	K	U	X	M	F		H
W	K	U	C	M	U	Z	X
U	C	L	O	P	Q		F

Ordenando letras

Pon las letras en su lugar para formar la palabra correcta!

o s l   _____

n o u   _____

j o o   _____

n a p   _____

e z p   _____

Ordenando letras

Pon las letras en su lugar para formar la palabra correcta!

apot   _____

spoa   _____

haoj   _____

acsa   _____

bohu   _____

45

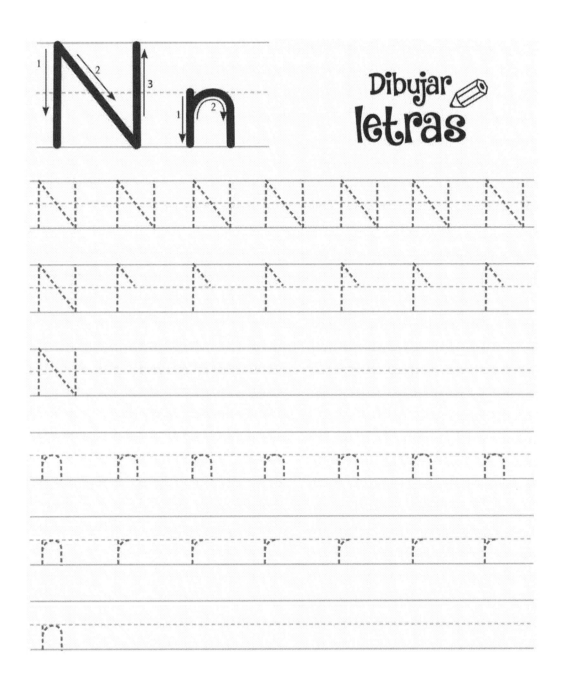

Dibujar
letras

Dibujar
letras

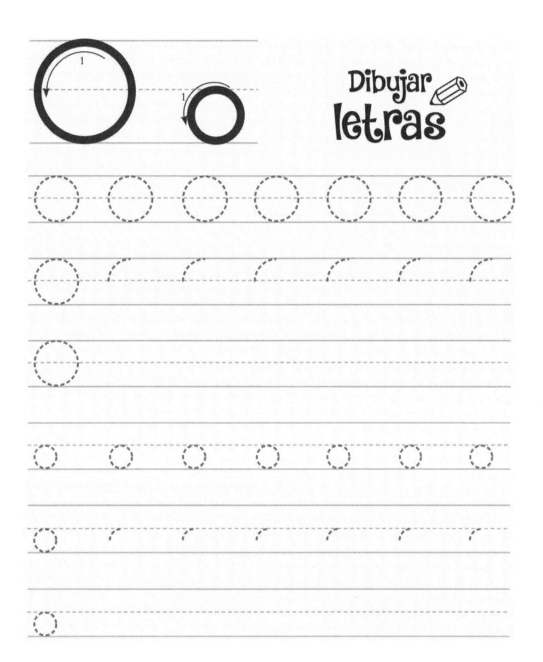

Dibujar letras

51

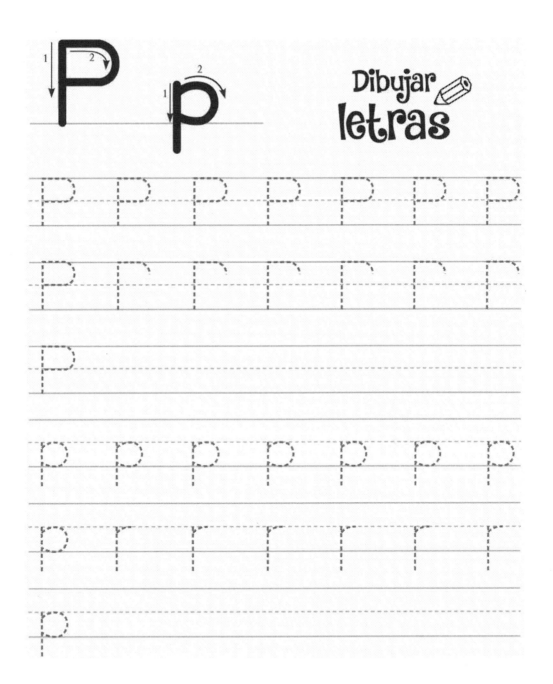

Dibujar letras

53

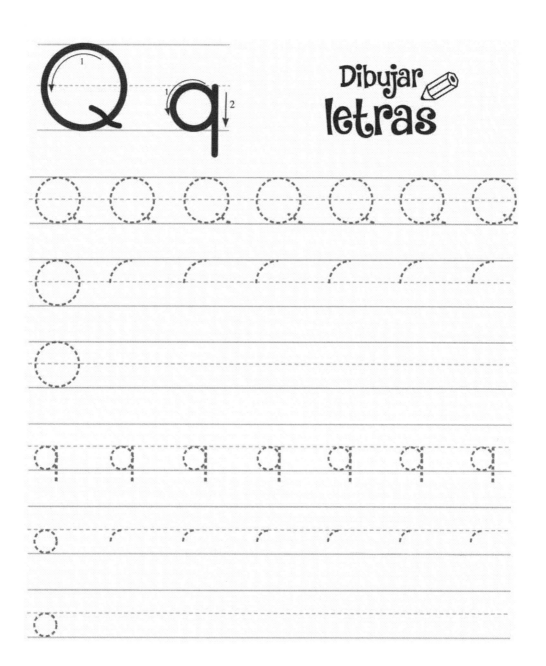

Dibujar letras

55

R r

R R R R R R R

R R R R R R R

R

r r r r r r r

r r r r r r r

r

S s

Dibujar letras

S S S S S S S

S c c c c c c

S

S S S S S S S

S c c c c c c

S

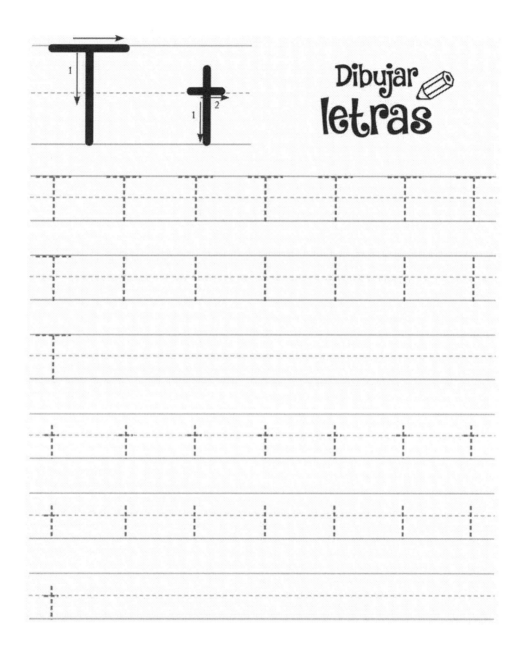

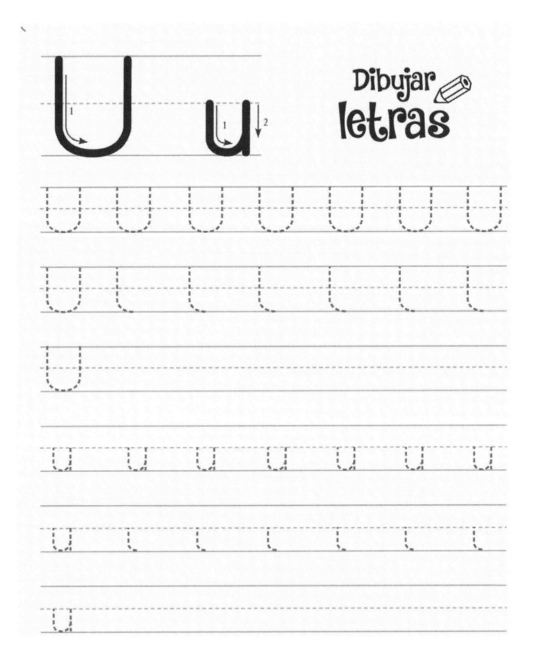

Dibujar letras

63

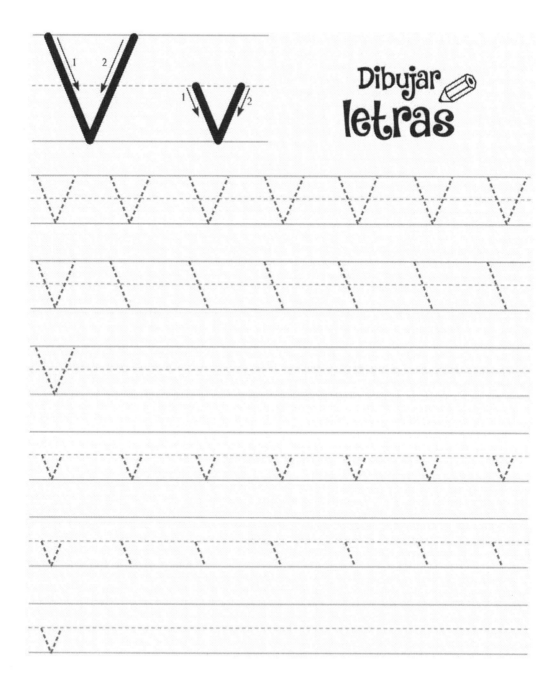

Dibujar
letras

W w

W W W W W W W

W

W

W W W W W W W

W W

W

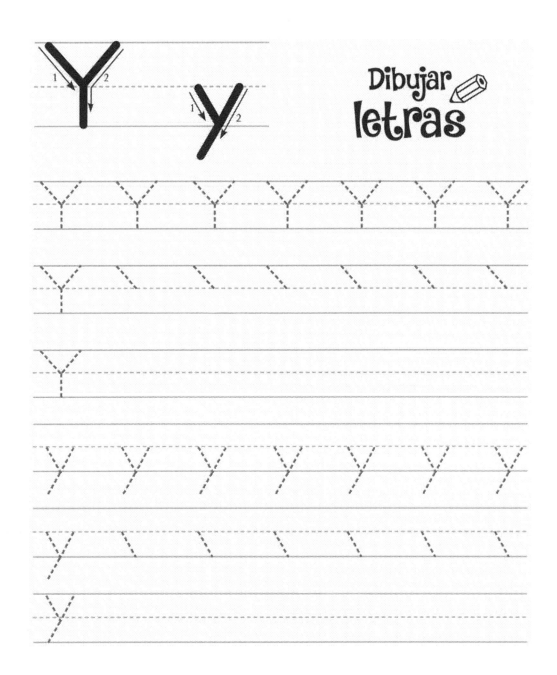

Dibujar
letras

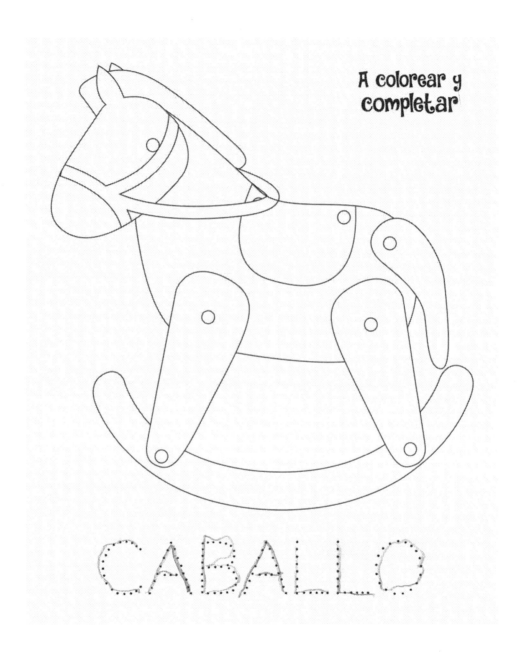

A colorear y completar

CABALLO

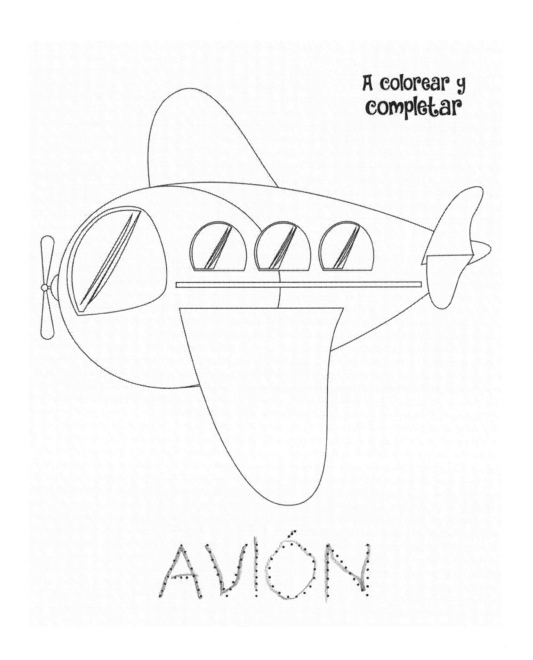

AVIÓN

TREN

A colorear y completar

FOCA

A colorear y completar

MONO

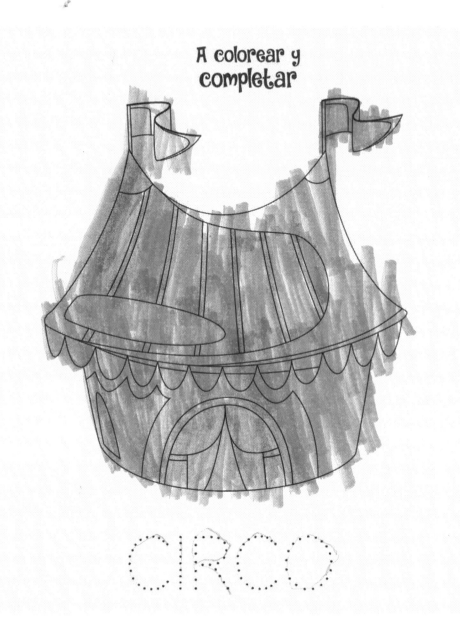

CIRCO

Made in the USA
San Bernardino, CA
20 March 2020